Jörg Sommerfeld

# Addizio!

## Bläserunterricht in Klassen, Gruppen und Ensembles

Schülerausgabe für
B♭ Trompete/B♭ Tenorhorn (im Violinschlüssel)

Illustrationen von
Nicola Jacobsen

**Edition Breitkopf 8863**

Breitkopf & Härtel

**Schülerausgaben**

| | |
|---|---|
| Flöte | EB 8858 (ISMN 979-0-004-18448-6) |
| Oboe | EB 8925 (ISMN 979-0-004-18591-9) |
| B♭ Klarinette (deutsch) | EB 8859 (ISMN 979-0-004-18449-3) |
| B♭ Klarinette (Boehm) | EB 8928 (ISMN 979-0-004-18594-0) |
| E♭ Altsaxophon | EB 8860 (ISMN 979-0-004-18450-9) |
| B♭ Tenorsaxophon | EB 8861 (ISMN 979-0-004-18451-6) |
| Fagott | EB 8926 (ISMN 979-0-004-18592-6) |
| F Horn | EB 8862 (ISMN 979-0-004-18452-3) |
| **B♭ Trompete/B♭ Tenorhorn (im Violinschlüssel)** | **EB 8863 (ISMN 979-0-004-18453-0)** |
| Trompete in C (Posaunenchornotation) / C-Klarinette | EB 8927 (ISMN 979-0-004-18593-3) |
| Posaune/Euphonium/Bariton/ Tenorhorn (im Bassschlüssel) | EB 8864 (ISMN 979-0-004-18454-7) |
| E-Bass | EB 8924 (ISMN 979-0-004-18590-2) |
| Tuba | EB 8865 (ISMN 979-0-004-18455-4) |
| Schlagwerk (Drumset, Pauken, Kl. Trommel, Gr. Trommel, Perkussion) | EB 8929 (ISMN 979-0-004-18595-7) |
| Stabspiele | EB 8930 (ISMN 979-0-004-18596-4) |

| | |
|---|---|
| Lehrerhandbuch | BV 449 (ISBN 978-3-7651-0449-7) |

Enthält u. a. zusammenfassende Partituren (Condensed Scores), Erläuterungen zum didaktischen Konzept, viele praktische Tipps, Übersichts- und Grifftabellen. Zum Download auf addizio.de stehen u. a. bereit: Zusatzstimmen für Streicher, Keyboard, Gitarre, Schülerausgaben für Es-Klarinette und Es-Horn, eine E-Bass-Stimme in Bigbandnotation, Grifftabellen und der Griffbildzeichensatz. Käufer von BV 449 erhalten zudem exklusiv Zugang zu den Vollpartituren.

**Audiotracks stehen auf YouTube und im MP3-Format auf addizio.de zum Download bereit.**

**Die Stimmen aller Ausgaben sind untereinander beliebig kombinierbar.**

Dieses Heft gehört:

EB 8863
ISMN 979-0-004-18453-0
© 2016 by Breitkopf & Härtel, Wiesbaden
Alle Rechte vorbehalten
Umschlag: Nicola und Andreas Jacobsen, Niedernhausen
Satz und Layout: Ansgar Krause, Krefeld
Druck: Druckhaus Sportflieger, Berlin

Printed in Germany

www.breitkopf.com

# Inhalt

## Rhythmussprache

### Noten

| ta | ti - ti ti | ta-o | ta-o-a | ta-o-a-o | ta-i - ti<br>1  2  und |
|----|-----------|------|--------|----------|------------------------|

### Pausen

| sch | pst<br>m | Pau-se | gan-ze Pau-se |
|-----|----------|--------|---------------|

## Grifftabelle 1

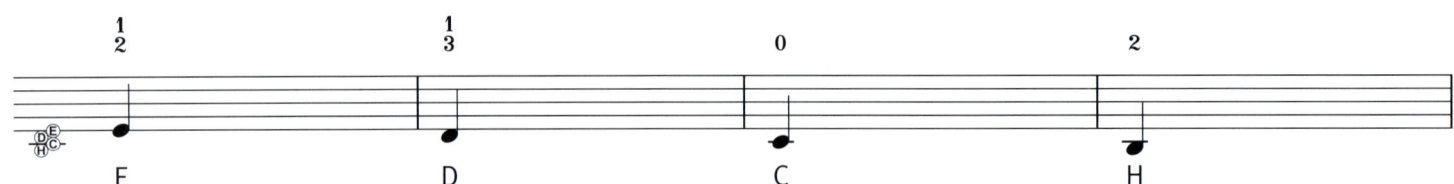

E      D      C      H

# 1 Drei erste Lieder

J. S.

Mehrere Töne im Stück, ♩

# 2 Die Schnecke

J. S.

**Sehr langsam**

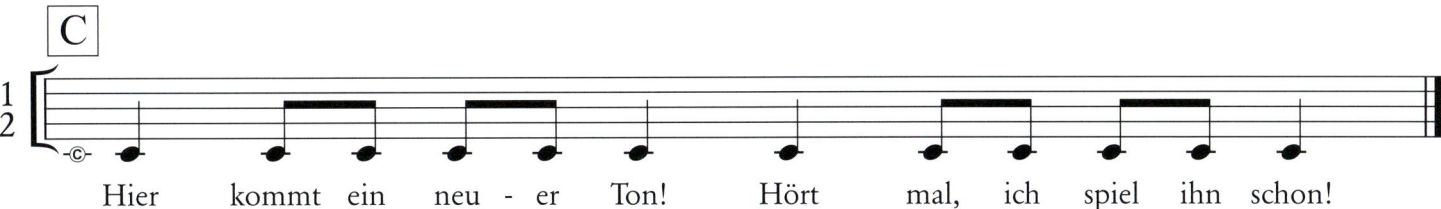

# 3 Schwalben

J. S.

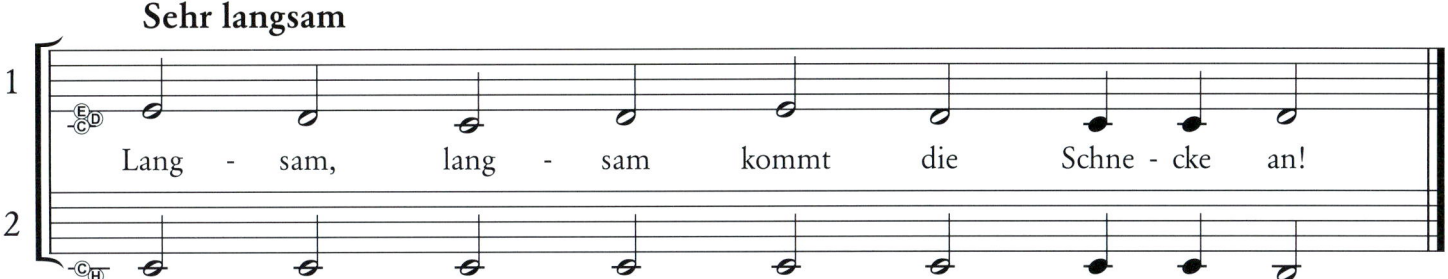

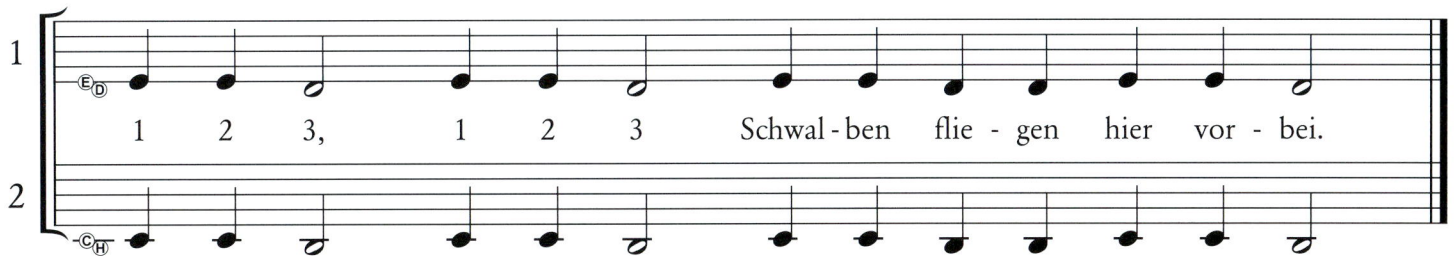

## 4  Rauf und runter

J. S.

Rauf und run-ter spiel ich schon, im-mer auch den ho-hen Ton.

## 5  Eis für alle!

J. S.

Lied über zwei Zeilen

Scho-ko-la-de, Erd-beer, Strac-cia-tel-la, Ing-wer,

Ka-ra-mell und A-na-nas, so viel Eis, das macht mir Spaß!

## 6  Rock in acht Takten

J. S.

# 7 Schneck im Haus

Trad.
Arr.: J. S.

Schneck im Haus, | komm he - raus, | stre - cke dei - ne | Füh - ler aus!

Für das Arrangement: © 2016 by Breitkopf & Härtel, Wiesbaden

# 8 Gehen und Stehen

J. S.

Komm, wir gehn, | das wird schön! | Kannst du's sehn? | Ich bleib stehn!

© 2016 by Breitkopf & Härtel, Wiesbaden

# 9 Wirbelwind

J. S.

Schnell!

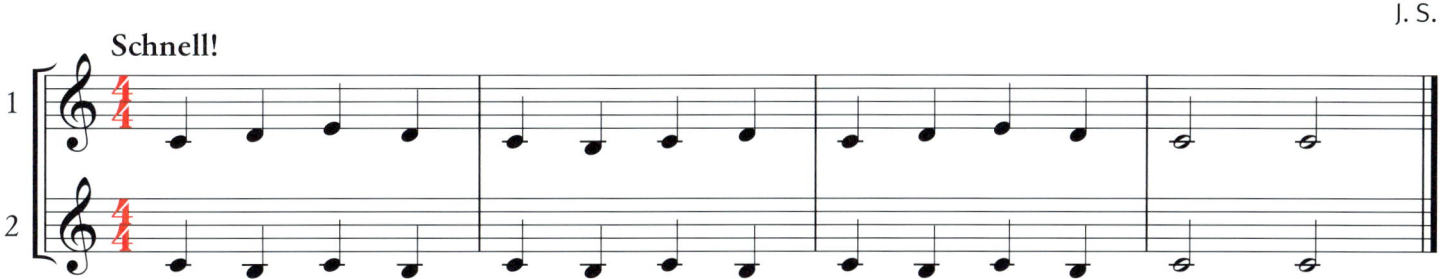

© 2016 by Breitkopf & Härtel, Wiesbaden

## 10  Mach mal Pause!

J. S.

Mach mal Pau - se! Bleib zu - hau - se!

Trin - ke ei - nen Tee, es liegt Schnee!

## 11  Eislaufen

J. S.

Lehrerhinweis: Die Spielpartituren wurden mit Kindern erprobt. Sollten dennoch Probleme beim Verfolgen der eigenen Stimme auftreten, hilft eine (farbige) Markierung am Zeilenanfang.

## 12  Merrily We Roll along

T./M.: aus England
Arr.: J. S.

Mer – ri – ly we roll a – long, roll a – long, roll a – long,

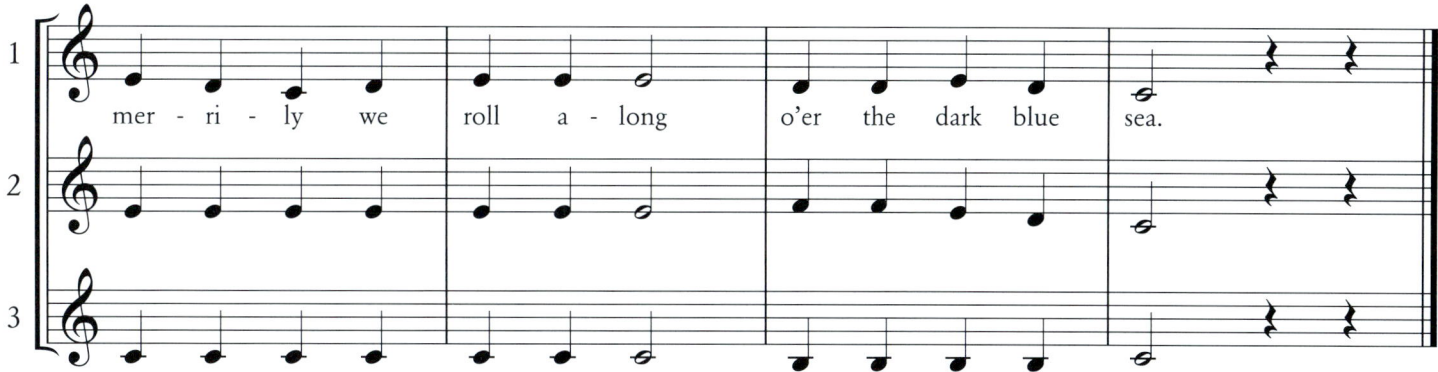

mer – ri – ly we roll a – long o'er the dark blue sea.

## 13 Feierlich

J. S.

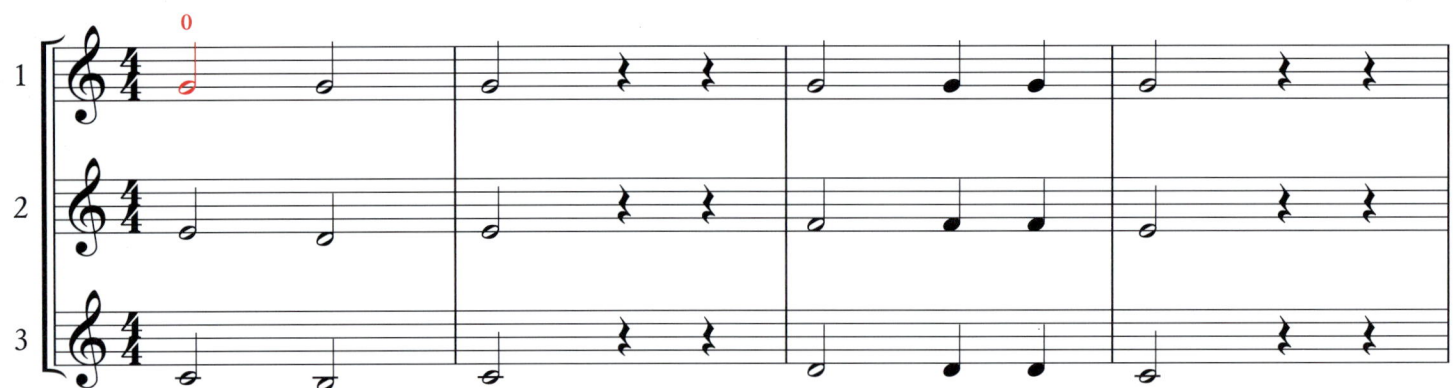

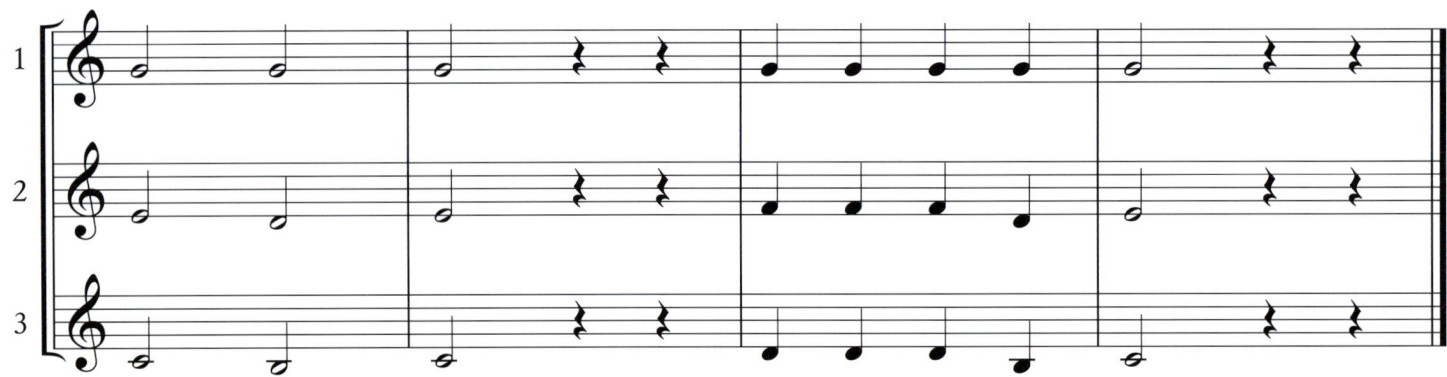

## 14 Erste Fanfare

J. S.

# 15  Die Welle

J. S.

# Technik 1

# 16 Filibuster's Music

J. S.

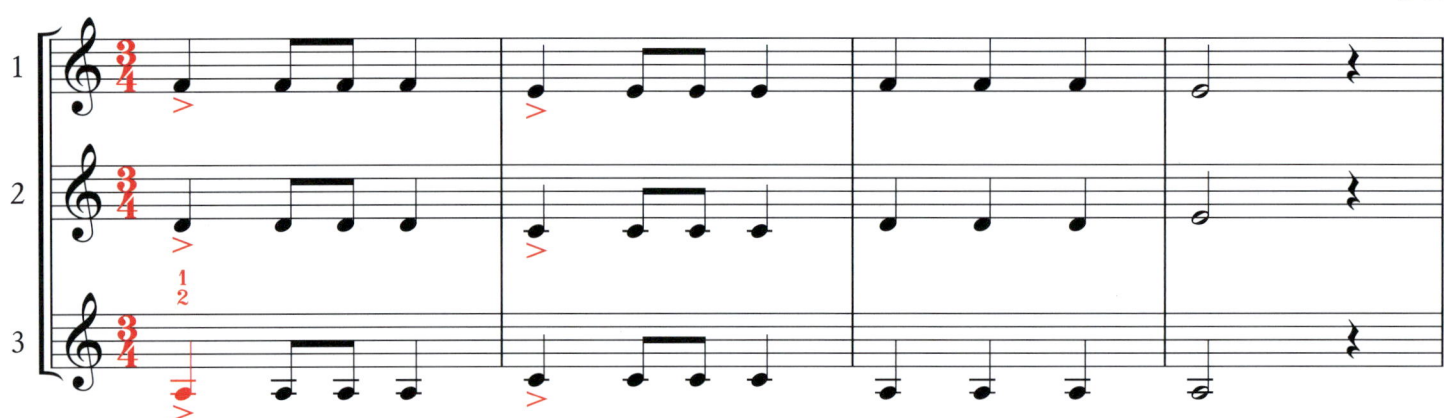

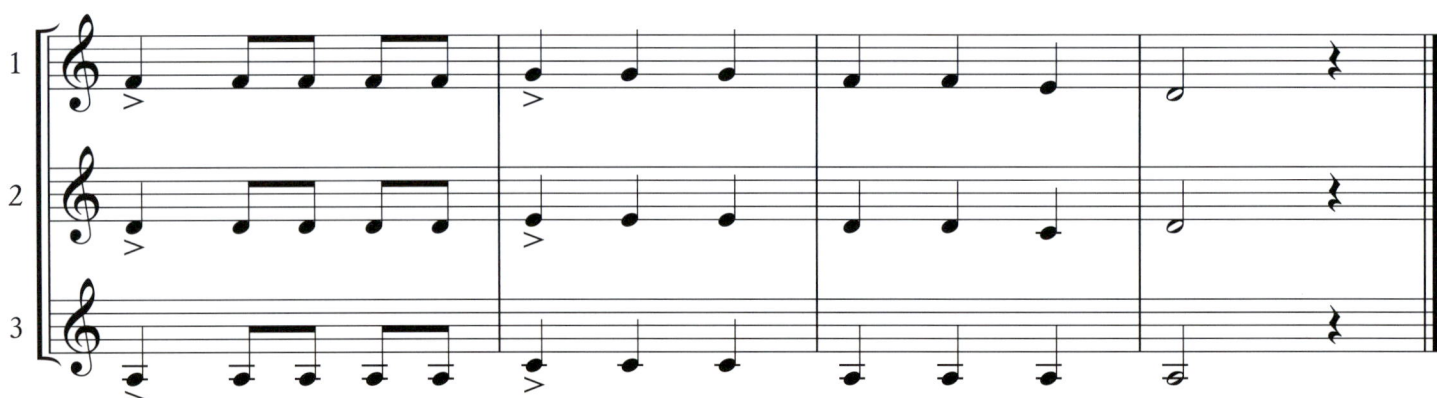

# 17  Zweite Fanfare

J. S.

* Lehrerhinweis: Ab hier optionale Stimme 4 zur Kombination des Tenorhorns mit hohen Bläsern (siehe auch Lehrerhandbuch, Kapitel 2.2).

Auftakt im Stück

# 18 ABC, die Katze lief im Schnee

T./M.: aus Thüringen, 19. Jh.
Arr.: J. S.

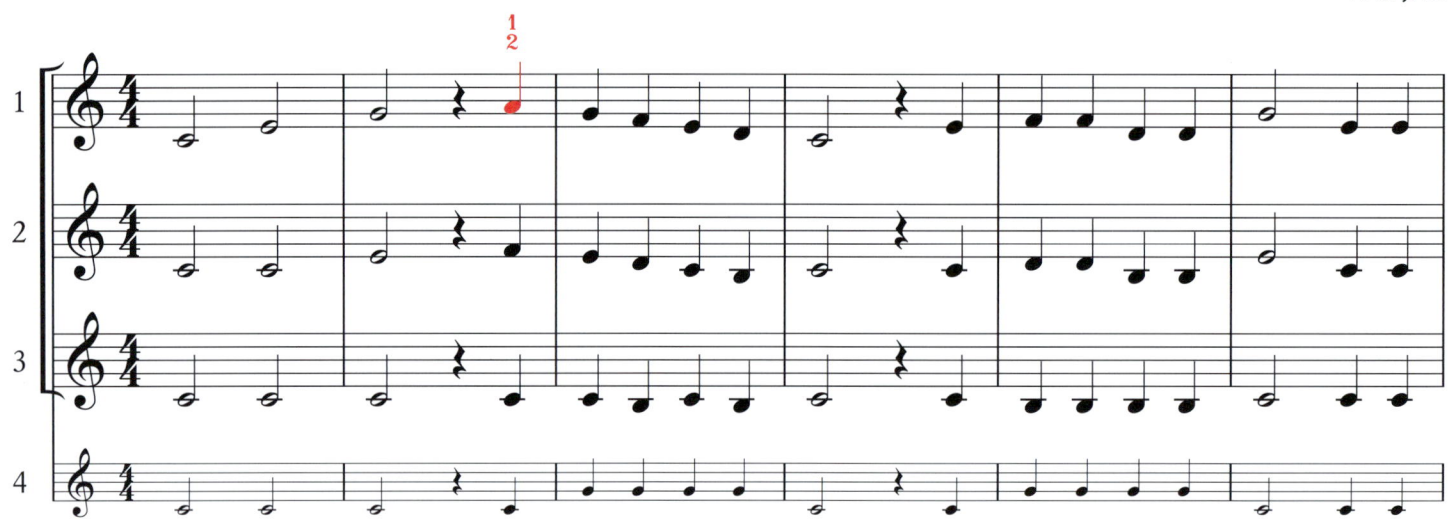

ABC, die Katze lief im Schnee.
Und als sie wieder raus kam,
da hatt' sie weiße Stiefel an.
Ojemine! Die Katze lief im Schnee!

# 19  Taler, Taler, du musst wandern

Trad.
Arr.: J. S.

Taler, Taler, du musst wandern
von der einen Hand zur andern.
Das ist schön, das ist schön,
niemand darf den Taler sehn!

# Solovariationen

J. S.

Lehrerhinweis: Die schwierigeren Variationen zu *Taler, Taler, du musst wandern* passen als Ergänzungsstimmen zum Spielsatz auf Seite 15. Sie sind gedacht für die Binnendifferenzierung, beispielsweise in altersgemischten Lerngruppen. Aber auch in Bläserklassen und anderen Ensembles gibt es immer wieder einzelne Kinder, die sich mit solchen Leistungsanreizen auseinandersetzen.

## 20  Ist ein Mann in' Brunn' gefallen

T./M.: aus Süddeutschland
Arr.: J. S.

Ist ein Mann in' Brunn' gefallen,
hab ihn hören plumpsen.
Wär er nicht hineingefallen,
wär er nicht ertrunken.

# 21  Beats

J. S.

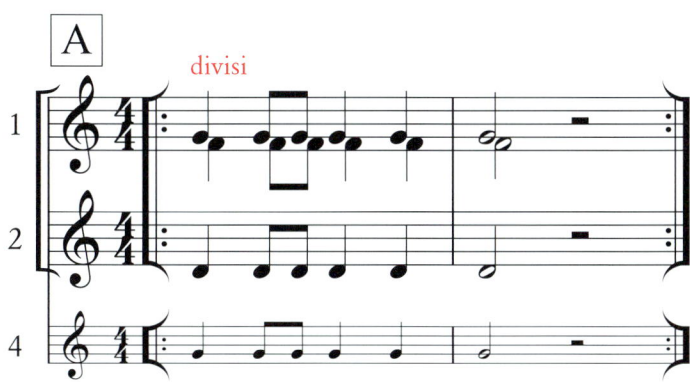

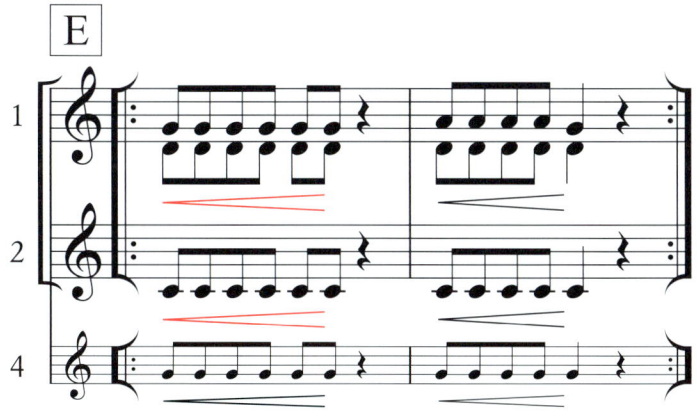

# 22 Summ, summ, summ

T.: Heinrich Hoffmann v. Fallersleben (1798–1874)
M.: aus Böhmen
Arr.: J. S.

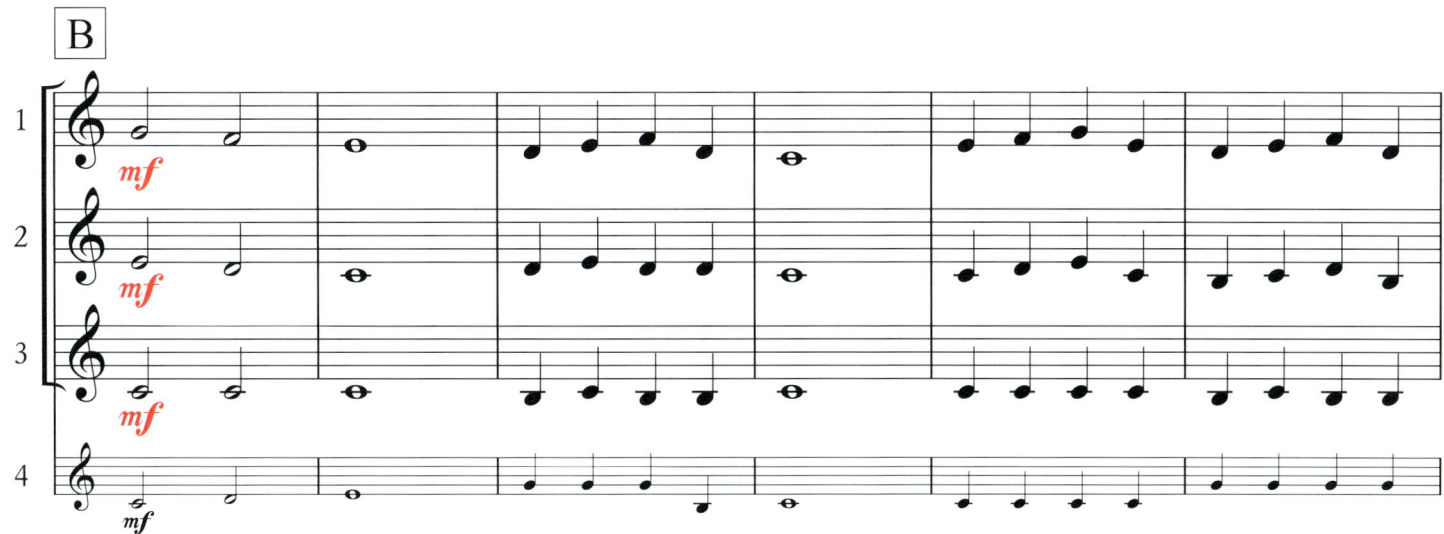

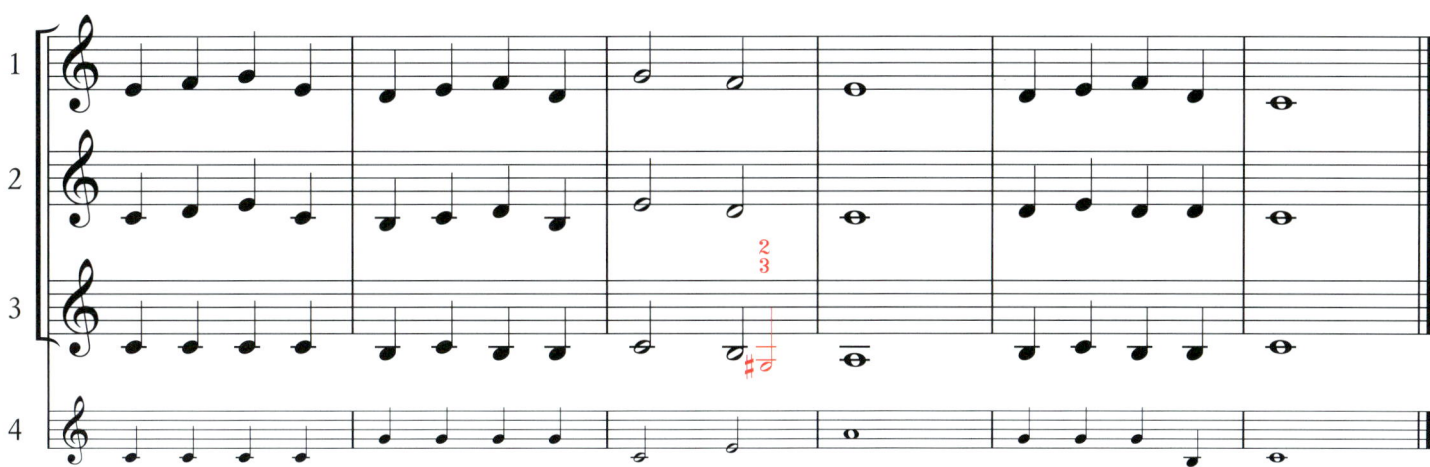

Summ, summ, summ,
Bienchen, summ herum!
Ei, wir tun dir nichts zuleide,
flieg nur über Wald und Heide!
Summ, summ, summ,
Bienchen, summ herum!

𝅘𝅥𝅭 , ♯-Vorzeichen (solche Versetzungszeichen gelten den ganzen Takt)

# 23 Almeria

J. S.

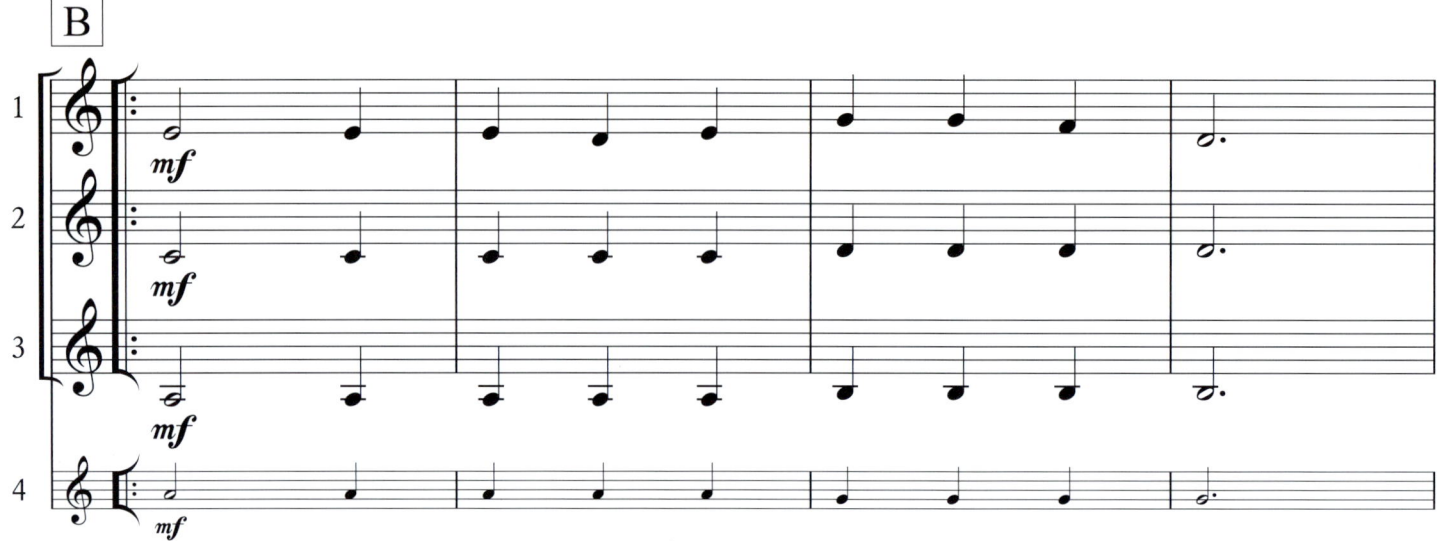

## 24  Auf der Mauer, auf der Lauer

T./M.: deutsches Kinderlied
Arr.: J. S.

Auf der Mauer, auf der Lauer
sitzt 'ne kleine Wanze.
Auf der Mauer, auf der Lauer
sitzt 'ne kleine Wanze.
Seht euch mal die Wanze an,
wie die Wanze tanzen kann!
Auf der Mauer, auf der Lauer
sitzt 'ne kleine Wanze.

Breitkopf EB 8863

# Technik 2

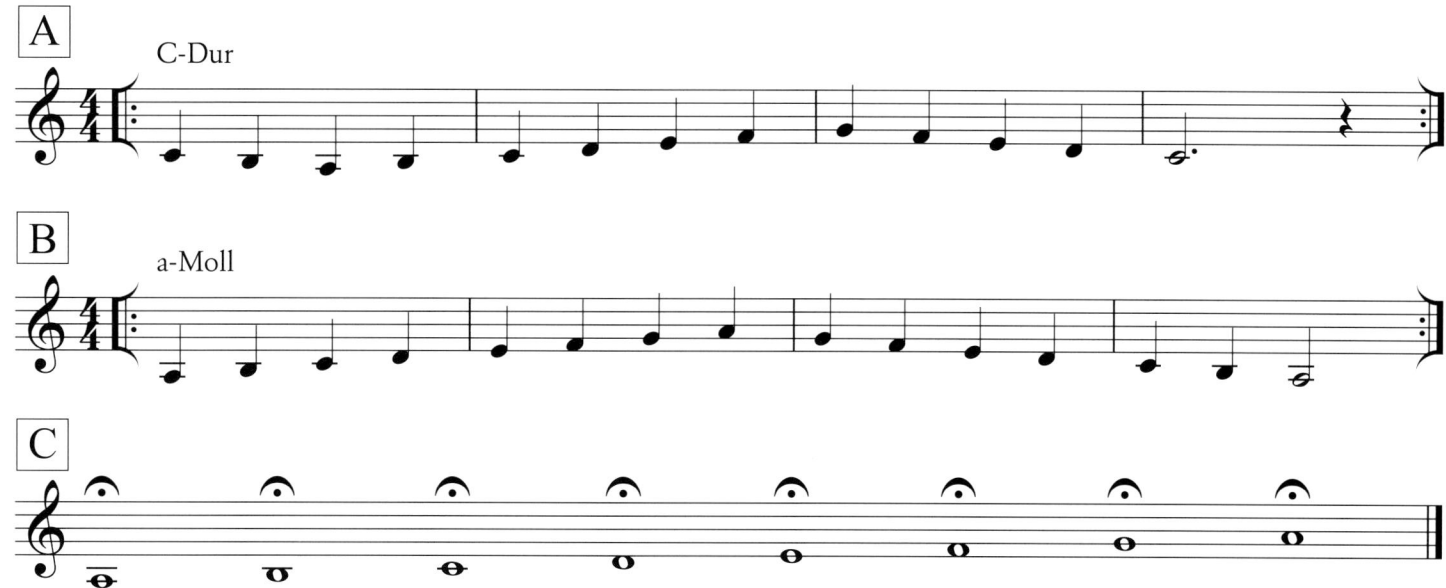

# Grifftabelle 2

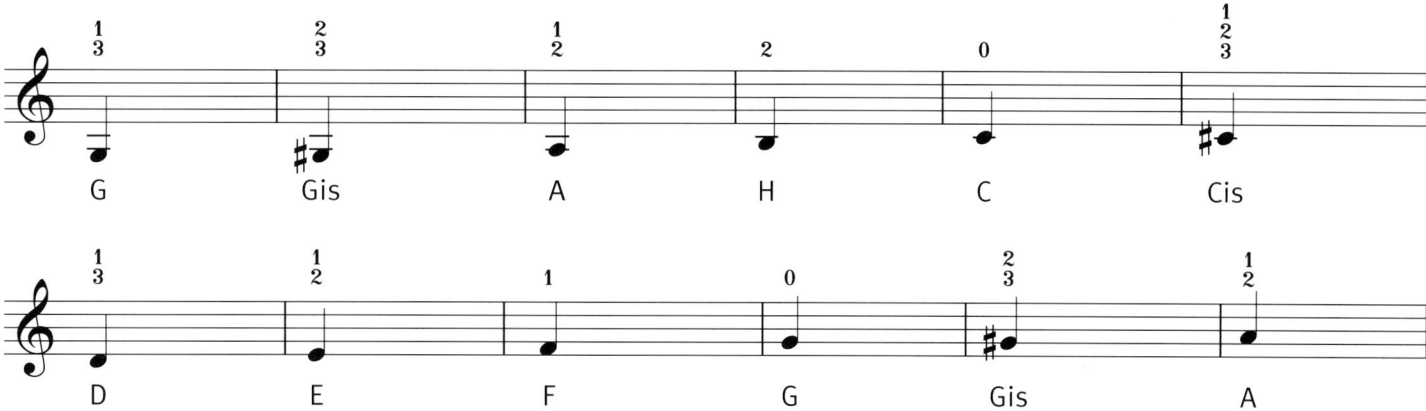

# 25 Gaillarde

nach einem flämischen Tanz, 16. Jh.
Arr.: J. S.

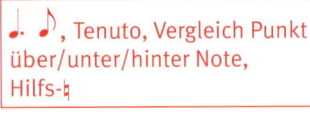

♩. ♪, Tenuto, Vergleich Punkt
über/unter/hinter Note,
Hilfs-♮

# 26  La Plata

J. S.

## 27  Drei Chinesen mit 'nem Kontrabass

Trad.
Arr.: J. S.

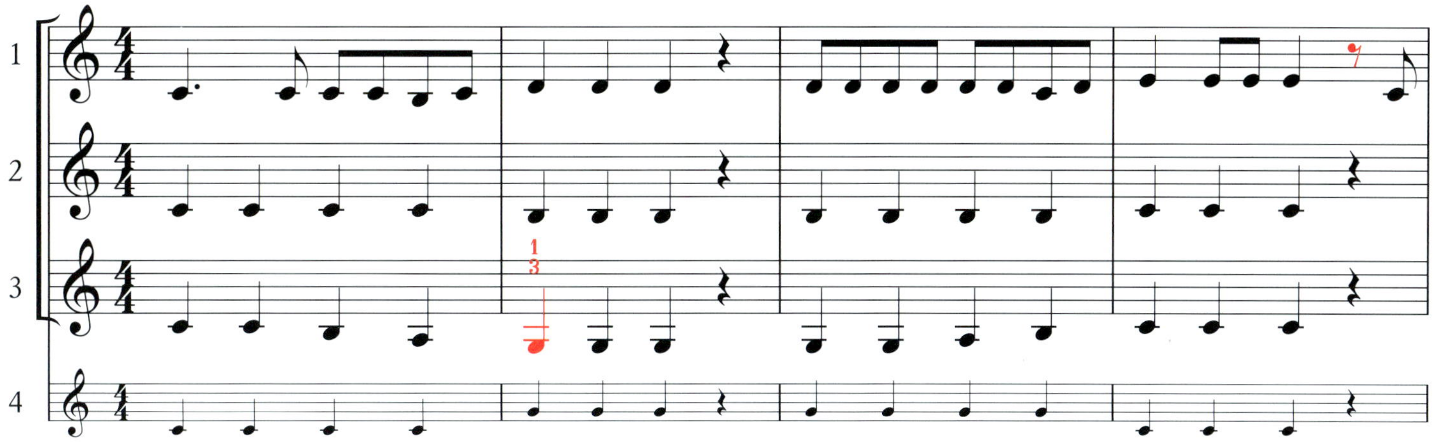

Drei Chinesen mit 'nem Kontrabass saßen auf der Straße und erzählten sich was.
Da kam die Polizei, „Ja, was ist denn das?" Drei Chinesen mit 'nem Kontrabass!

b-Versetzungszeichen

# 28 Minimal

J. S.

Die Melodien A–F können gleichzeitig gespielt werden. Denkt euch einen Ablauf aus, den ihr mit euren Instrumenten gut spielen könnt. Zum Beispiel: viermal gleichzeitig A+B+C, dann viermal D+E+F. Es gibt aber noch viele andere Möglichkeiten.

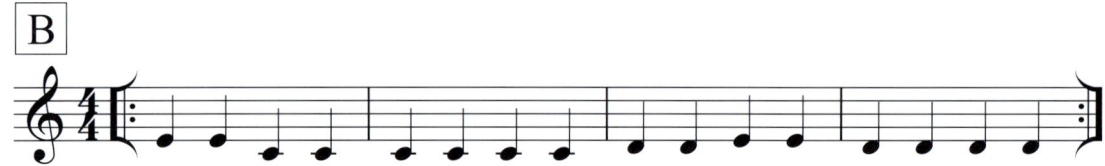

Haltebogen, Auftakt, Offbeat auf „1 und"

# 29  Meine Biber haben Fieber

Trad.
Arr.: J. S.

Meine Biber haben Fieber, o, die Armen!
Will sich keiner denn der armen Tier' erbarmen?
Meine Biber haben Fieber, sagt der Farmbesitzer Sieber,
hätt' ich selber lieber Fieber und den Bibern ging' es gut.

Neue Generalvorzeichen

# 30  Get that Jazz

Felix Janosa (*1962)
Arr.: J. S.

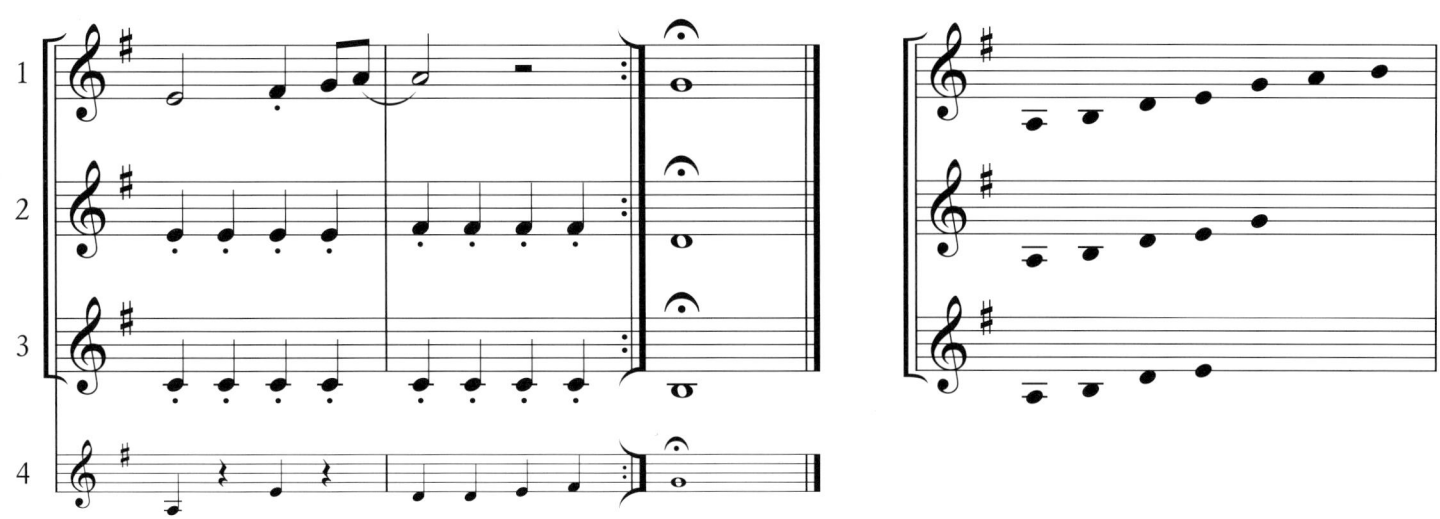

# Technik 3

# 31 Basic Blues

J. S.

# 32 Wer will fleißige Handwerker sehn

Trad.
Arr.: J. S.

[Notensatz: Allegretto, 4/4, vier Stimmen (1–4), Abschnitte A und B]

Wer will fleißige Handwerker sehn,
der muss zu uns Kindern gehn!
Stein auf Stein, Stein auf Stein,
das Häuschen wird bald fertig sein.

# 33 Grün, grün, grün sind alle meine Kleider

T./M.: aus Norddeutschland
Arr.: J. S.

Grün, grün, grün sind alle meine Kleider;
grün, grün, grün ist alles, was ich hab.
Darum lieb ich alles, was so grün ist,
weil mein Schatz ein Jäger, Jäger ist.

Offbeat auf „4 und", Bluestonleiter

# 34  Soul City Blues

J. S.

# Solo 1

J. S.

# Solo 2

J. S.

Lehrerhinweis: Solo 1 kann von verschiedenen Instrumenten gleichzeitig gespielt werden. Solo 2 sollte ein Spieler allein aufführen. Beide Solos passen zu den Begleitstimmen (siehe auch die Hinweise zu diesem Spielsatz im Lehrerhandbuch, Kapitel 10).

# Improvisationstonleiter

A-Blues

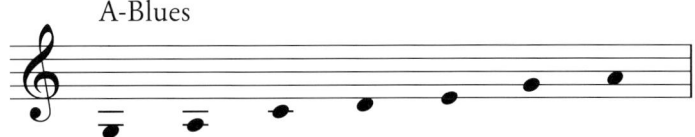

Kanon, Rhythmus ♪♪.

# 35 Hey, hello, bonjour, guten Tag!

Trad.
Arr.: J. S.

Auf Zeichen:

Hey, hello, bonjour, guten Tag!
Welcome, welcome, welcome, welcome!
Buenos dias, buenos dias!

Auflösungszeichen ♮, Hilfs-♯

# 36 Come and Go to that Land

Gospel
Arr.: J. S.

B

Come and go to that land,
come and go to that land,
come and go to that land,
where I'm bound,
where I'm bound.
Come and go to that land,
come and go to that land,
come and go to that land,
where I'm bound.

Nachschläge

# 37 Old MacDonald

T./M.: aus den USA
Arr.: J. S.

Für das Arrangement: © 2016 by Breitkopf & Härtel, Wiesbaden

* Lehrerhinweis: Stimme 3 hat bei Trompete, Tenorhorn, Posaune, Euphonium, Bariton und Tuba aus instrumentaldidaktischen Gründen einen geänderten Melodieverlauf, der das tiefe F vermeidet (siehe auch die Hinweise zu diesem Spielsatz im Lehrerhandbuch, Kapitel 10).

**B**

Old MacDonald had a farm, E-I-E-I-O.
And on that farm he had a cow, E-I-E-I-O.
With a moo moo here and a moo moo there,
here a moo, there a moo, everywhere a moo moo.
Old MacDonald had a farm, E-I-E-I-O.

Calypso-Clave ♩ ♩ ♩

# 38 Trinidad

J. S.

**B**

D.S. al ⊕–⊕ Coda

⊕ Coda

Differenzierte Dynamik

# 39 Europahymne

M.: Ludwig van Beethoven (1770–1827)

Arr.: J. S.

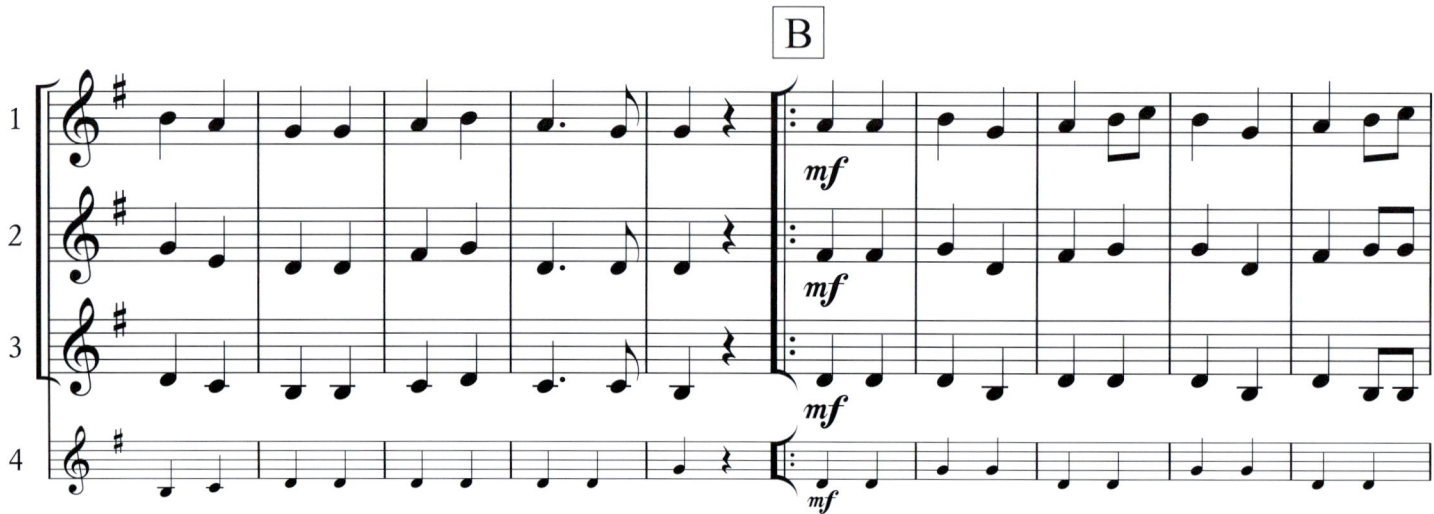

Für das Arrangement: © 2016 by Breitkopf & Härtel, Wiesbaden

## Solovariation

J. S.

Breitkopf EB 8863

# 40　I Like the Flowers

T./M.: aus England
Arr.: J. S.

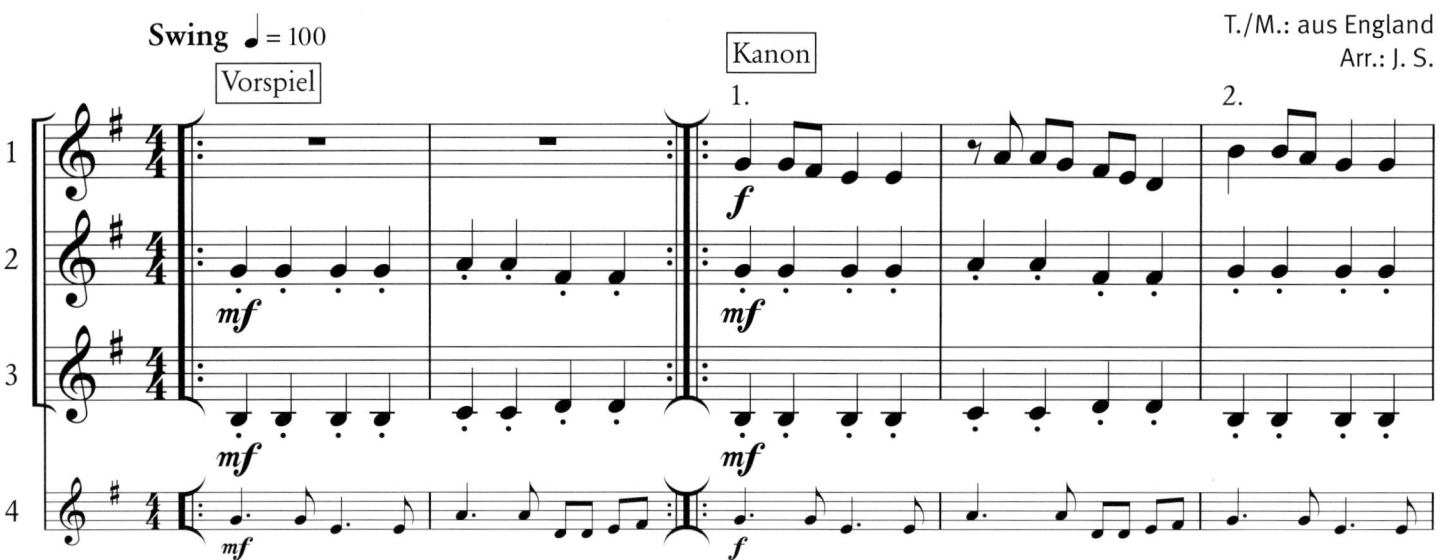

I like the flowers, I like the daffodils,
I like the mountains, I like the rolling hills,
I like the fireside, when the lights are low,
dumdidadi, dumdidadi, dumdidadi, dumdidadi.

# Technik Master

* Lehrerhinweis: Zu den Vorzeichen siehe die Anmerkungen zum *Technik Master* im Lehrerhandbuch, Kapitel 10.

B♭ Trompete 1–3/B♭ Tenorhorn 1–4

# 41 Abendlied

T.: Matthias Claudius (1740–1815)
M.: Johann Abraham Peter Schulz (1747–1800)
Arr.: J. S.

Der Mond ist aufgegangen,
die goldnen Sternlein prangen
am Himmel hell und klar,
der Wald steht schwarz und schweiget,
und aus den Wiesen steiget
der weiße Nebel wunderbar.

# 42 Choral

J. S.

Breitkopf EB 8863

## 43 Montuno

J. S.

Neue Generalvorzeichen

# 44 Pavane

M.: Thoinot Arbeau (1519–1595)
Arr.: J. S.

Für das Arrangement: © 2016 by Breitkopf & Härtel, Wiesbaden

# 45 Berlin Radio Song

J. S.

# 46  The Mug of Brown Ale

M.: aus Irland
Arr.: J. S.

## Drei Lieder für Sankt Martin und Weihnachten

## 47 Durch die Straßen

T.: Lieselotte Holzmeister (1921–1994)
M.: Richard Rudolf Klein (1921–2011)
Arr.: J. S.

Spielbar ab Nr. 18.

1. Durch die Straßen auf und nieder
leuchten die Laternen wieder:
rote, gelbe, grüne, blaue,
lieber Martin, komm und schaue!

2. Wie die Blumen in dem Garten
blühn Laternen aller Arten:
rote, gelbe, grüne, blaue,
lieber Martin, komm und schaue!

3. Und wir gehen lange Strecken
mit Laternen an den Stecken:
rote, gelbe, grüne, blaue,
lieber Martin, komm und schaue!

# 48 Stern über Bethlehem

Spielbar ab Nr. 34.*

T./M.: Alfred Hans Zoller (1928–2006)

Arr.: J. S.

1. Stern über Bethlehem, zeig uns den Weg,
   führ uns zur Krippe hin, zeig, wo sie steht.
   Leuchte du uns voran, bis wir dort sind,
   Stern über Bethlehem, führ uns zum Kind.

2. Stern über Bethlehem, bleibe nicht stehn.
   Du sollst den steilen Pfad vor uns hergehn.
   Führ uns zum Stall und zu Esel und Rind,
   Stern über Bethlehem, führ uns zum Kind.

3. Stern über Bethlehem, nun bleibst du stehn,
   und lässt uns alle das Wunder hier sehn,
   das da geschehen, was niemand gedacht,
   Stern über Bethlehem, in dieser Nacht.

4. Stern über Bethlehem, wir sind am Ziel,
   denn dieser arme Stall birgt doch so viel.
   Du hast uns hergeführt, wir danken dir.
   Stern über Bethlehem, wir bleiben hier.

5. Stern über Bethlehem, kehrn wir zurück,
   steht doch dein heller Schein in unserm Blick,
   und was uns froh gemacht, teilen wir aus.
   Stern über Bethlehem, schein auch zuhaus.

* Lehrerhinweis: Tonartvorzeichnung für klingend Es-Dur erst ab Nr. 44, daher in Stimme 3 Hilfsvorzeichen.

# 49 Rudolph, the Red-Nosed Reindeer

T./M.: Johnny Marks (1909–1985)

Arr.: J. S.

Spielbar ab Nr. 31.

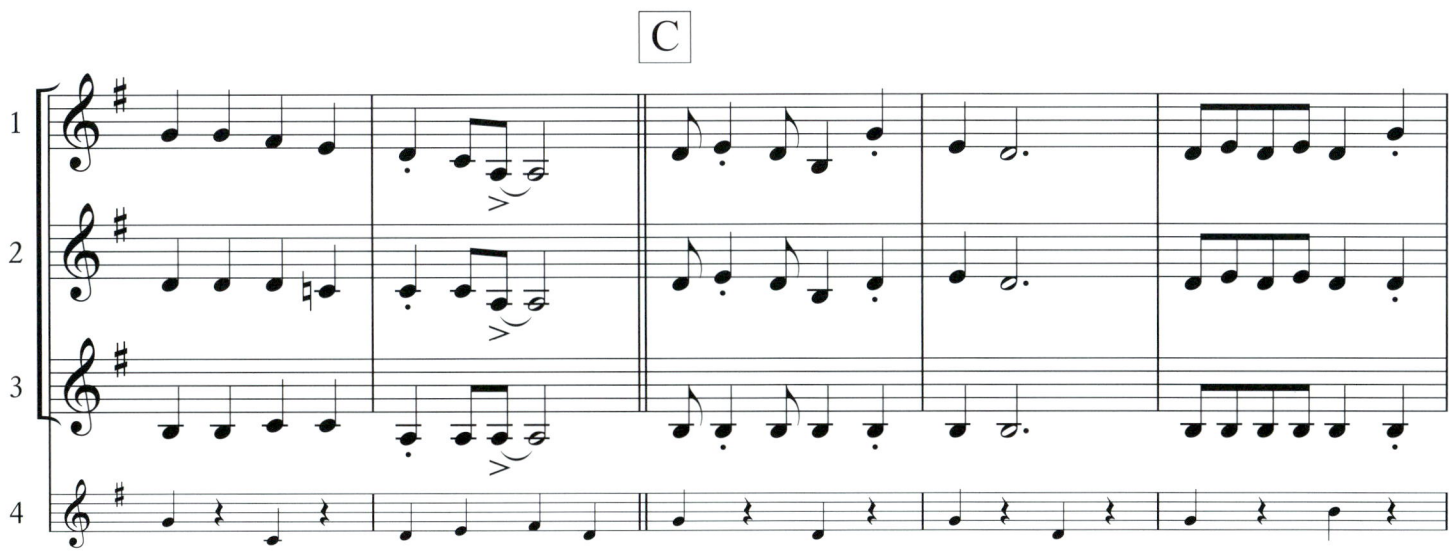

Rudolph, the red-nosed reindeer
Had a very shiny nose.
And if you ever saw him,
You would even say it glows.
All of the other reindeer
Used to laugh and call him names.
They never let poor Rudolph
Join in any reindeer games.

Then one foggy Christmas Eve
Santa came to say:
"Rudolph, with your nose so bright,
Won't you guide my sleigh tonight?"
Then all the reindeer loved him
As they shouted out with glee:
"Rudolph, the red-nosed reindeer,
You'll go down in history!"

Breitkopf EB 8863

# Zeichen und Fachausdrücke (Glossar)

| Zeichen | Name | Beschreibung |
|---|---|---|
| **Notenzeichen** | | |
| | Haltebogen | Werden zwei gleiche Noten mit einem Bogen verbunden, wird die zweite Note nicht angestoßen. Beide Noten klingen als ein Ton. |
| | Legato Legatobogen Bindebogen | Werden unterschiedliche Noten mit einem Bogen verbunden, wird nur der erste Ton angestoßen. Alle weiteren Töne unter dem Bindebogen werden nicht mehr angestoßen und auf demselben Atem gespielt. |
| | Akzent | Eine Note mit Akzent soll betont werden. Sie wird also etwas lauter gespielt als die anderen. |
| | Staccato Staccatopunkt | Ein Punkt über oder unter einer Note bedeutet, dass sie kurz gespielt wird. |
| | Tenuto | Ein Strich über oder unter der Note bedeutet, dass sie ausgehalten gespielt werden soll. Sie endet genau mit dem Beginn der nächsten Note oder Pause. |
| | Fermate | Die Fermate verlängert den Ton deutlich. Während der Fermate wird langsamer oder gar nicht gezählt. Wie lange sie dauert, gibt in Orchestern der Dirigent an. |
| | Stichnote | Die kleiner gedruckten Stichnoten sind in unserem Heft immer etwas schwierigere Töne. |
| | Atemzeichen | Wenn das Atemzeichen in den Noten steht, soll an dieser Stelle *auf jeden Fall* geatmet werden. Die Pause, die dabei entsteht, gehört zur Musik. |
| ♯ | Kreuz Kreuz-Vorzeichen Versetzungszeichen | Durch das Kreuz soll die Note danach **einen halben Ton höher** klingen. Sie wird also mit einem anderen Griff gespielt. Das Zeichen gilt bis zum nächsten Taktstrich oder bis zu einem Auflösungszeichen vor derselben Note. Steht ein Kreuz am Anfang der Zeile nach dem Notenschlüssel, so gilt es im ganzen Stück. |
| ♭ | B B-Vorzeichen Versetzungszeichen | Durch das b soll die Note danach **einen halben Ton tiefer** klingen. Sie wird also mit einem anderen Griff gespielt. Das Zeichen gilt bis zum nächsten Taktstrich oder bis zu einem Auflösungszeichen vor derselben Note. Steht ein b am Anfang der Zeile nach dem Notenschlüssel, so gilt es im ganzen Stück. |
| ♮ | Auflösungszeichen | Ein Auflösungszeichen bedeutet, dass an dieser Stelle ein b oder # nicht mehr gilt. Auch das Auflösungszeichen gilt bis zum nächsten Taktstrich. |
| **Tempo** | | |
| **Metronom** | | Ein Gerät, das einen gleichmäßigen Grundschlag (Metrum) erzeugt. Metronome gibt es auch als kostenlose Apps. |
| ♩=**100** | Metronomangabe | Die Zahl gibt die Schläge pro Minute an. Das Tempo 60 entspricht genau einem Schlag pro Sekunde. Die Metronomangabe ist vergleichbar mit Geschwindigkeiten beim Auto: 100 ist normal, 80 langsam, 160 schnell, 200 sehr schnell. |
| **Allegretto** | Vortragsbezeichnung | Schnell, heiter, fröhlich gespielt. |
| **Andante** | Vortragsbezeichnung | Gehend, schreitend, in mittlerem Tempo gespielt. |
| **rit. _ _ _ _ _** | Ritardando | Etwas langsamer werden. |
| **A tempo** | | Nach einem Ritardando wieder im alten Tempo weiterspielen. |

| Zeichen | Name | Beschreibung |
|---|---|---|
| **Am Anfang der Notenzeile** | | |
| 𝄢 | Bassschlüssel<br>F-Schlüssel | Der Bassschlüssel gilt in *Addizio!* für Posaune, Euphonium, Bariton und Tuba. Er heißt auch F-Schlüssel, weil der Punkt an seinem Anfang genau auf der Linie der Note F liegt. |
| 𝄞 | Violinschlüssel<br>G-Schlüssel | Der Violinschlüssel wird für die meisten Blasinstrumente verwendet. G-Schlüssel heißt er auch, weil die Mitte der Spirale genau auf der Linie der Note G beginnt. |
| 𝄴𝄴 | Taktartangabe | Die beiden Zahlen am Anfang des Stückes zeigen an, wie es gezählt wird. Die obere Zahl gibt an, **wie viele** Schläge pro Takt gezählt werden. Die untere sagt, **welche Notenlänge** gezählt wird. In diesem Beispiel zählen wir vier Viertelnoten, der Takt heißt Viervierteltakt (⁴⁄₄-Takt). In unserem Heft werden auch der Dreivierteltakt (³⁄₄-Takt), Zweihalbetakt (²⁄₂-Takt) und der Sechsachteltakt (⁶⁄₈-Takt) verwendet. |
| **Auftakt** | | Manchmal beginnt ein Stück mit einem verkürzten Takt. Das nennt man Auftakt. Die beiden ersten Melodienoten von *Meine Biber haben Fieber* sind zum Beispiel ein Auftakt. |
| **Lautstärken** | | |
| *f* | forte | Laut spielen. |
| *ff* | fortissimo | Sehr laut spielen. |
| *p* | piano | Leise spielen. |
| *mf* | mezzoforte | Mittellaut spielen. |
| *mp* | mezzopiano | Mittelleise oder halbleise spielen. |
| ⟨ | crescendo<br>Crescendo-Gabel | Von Anfang bis Ende des Zeichens nach und nach lauter werden. |
| ⟩ | decrescendo<br>Decrescendo-Gabel | Von Anfang bis Ende des Zeichens nach und nach leiser werden. |
| *cresc.* | crescendo | Nach und nach lauter werden. |
| **Wiederholungen** | | |
| 𝄆 𝄇 | Wiederholung | Der Abschnitt zwischen den Doppelpunkten wird zwei Mal gespielt. |
| ⌐1.¬ ⌐2.¬ | Klammer 1/<br>Klammer 2<br>Haus 1/Haus 2<br>Prima Volta/Seconda Volta<br>erstes Ende/zweites Ende | Beim ersten Durchgang einer Wiederholung wird das erste Ende gespielt, beim zweiten Durchgang das zweite Ende unter der Klammer zwei, die Klammer eins wird dabei übersprungen. |
| A B | Studierbuchstaben<br>Studierzeichen | Mit den Buchstaben werden die Teile eines Stückes bezeichnet. In Proben kann man so schnell sagen, von wo gespielt werden soll („Wir spielen alle ab B!") |
| **D.C. al Fine** | Da Capo al Fine | Von hier zurück zum Anfang springen und bis Fine noch einmal spielen. |
| **D.C. al Coda**<br>**D.S. al Coda** | Da Capo al Coda<br>Dal Segno al Coda | Von hier zurück zum Anfang oder zum Zeichen (Segno) springen, alles noch einmal bis Θ spielen, dann von Θ zu Θ springen. |

| Zeichen | Name | Beschreibung |
|---|---|---|
| 𝄋 | **Segno** (gesprochen „Senjo") | Segno heißt übersetzt **Zeichen**. Es markiert die Stelle, von der man nach einem D.S.-Zeichen weiterspielen soll. |
| ⊕ | **Coda-Zeichen Kopf** | Das Coda-Zeichen ist ein Sprungzeichen. Beim zweiten Durchgang *nach* einem Sprung zum Anfang (D.C.) oder zum Segno (D.S.) springt man von einem ⊕ zu einem weiteren ⊕ am Ende und spielt dort weiter. Dieser letzte Teil heißt häufig auch Coda. |
| **Coda** | (gesprochen „Koda") | Coda heißt der Schluss(teil) eines Stückes. |
| **Fine** | | Fine heißt übersetzt „Ende". Hier endet das Stück nach einem Sprung (wie D.S. oder D.C.). |
| **Sonstiges** | | |
| divisi | **aufgeteilt** | Zwei übereinander geschriebene Noten werden von zwei Musikern gespielt: einer spielt die obere, der andere die untere Note. |
| **Dur** | | Das Tongeschlecht Dur entsteht durch einen bestimmten Aufbau der Tonleiter oder des Dreiklangs. Wir brauchen zusätzlich den Grundton, um genau zu wissen, welche Tonleiter oder welcher Dreiklang gemeint ist („G-Dur"). |
| **Moll** | | Das Tongeschlecht Moll entsteht durch einen bestimmten Aufbau der Tonleiter oder des Dreiklangs. Wir brauchen zusätzlich den Grundton, um genau zu wissen, welche Tonleiter oder welcher Dreiklang gemeint ist („g-Moll"). |
| **improvisieren Improvisation** | | Das spontane Erfinden von Musik nennt man Improvisieren. Ein E-Gitarren-Solo in einer Rockband oder ein Orgelvorspiel in der Kirche sind Beispiele dafür, aber auch das Verändern der Melodie von Songs durch Sängerinnen. |
| **Tonleiter** | | Eine nach ihrer Tonhöhe angeordnete Reihe von mehreren Tönen. |
| **Dreiklang** | | Drei verschiedene Töne bilden einen Dreiklang. Die Töne 1, 3 und 5 einer Dur- oder Moll-Tonleiter bilden den Dreiklang mit demselben Namen wie die Tonleiter. |
| **Stimmgerät** | | Mit einem Stimmgerät kann man die genaue Tonhöhe seines Instruments messen. Wenn mehrere Instrumente zusammen spielen, müssen sie gestimmt werden, damit sie gut miteinander klingen. Stimmgeräte gibt es auch als kostenlose Apps. |
| **simile** | | In der gleichen Art weiterspielen. |
| **solo** | | Es spielt nur ein Instrument. |

Breitkopf EB 8863